LEHRER LIFE HACKS

Geniale Tipps & Tricks für den Schul- und Lebensalltag

FÜR DIE SEKUNDARSTUFE

Auer

Gedruckt auf umweltbewusst gefertigtem, chlorfrei gebleichtem und alterungsbeständigem Papier.

1. Auflage 2018

Covergestaltung: Kirstin Lenhart, München
Illustrationen: Corina Beurenmeister
Satz: Satzpunkt Ursula Ewert GmbH, Bayreuth
Druck und Bindung: Korrekt Nyomdaipari Kft
ISBN 978-3-403-**08176**-0
www.auer-verlag.de

INHALT

VORWORT

Warum bin ich da nicht gleich draufgekommen? Das Lehrerleben[1] kann manchmal so schwer und doch wieder so einfach sein. Für viele dieser kleinen Momente gibt es nämlich geniale Tipps & Tricks, mit denen Sie auf kreative und überraschend einfache Weise Ihren Schul- und Lebensalltag verbessern, gewissermaßen „hacken" können.

Die besten Life Hacks für Lehrer der Sekundarstufe von der Unterrichtsvorbereitung zu Hause bis hin zu Tipps für den Unterricht oder ein besseres Lernklima. Aber auch Tricks zur einfacheren und effizienteren Gestaltung des Alltags oder überhaupt ein stressfreieres Leben finden Sie hier.

Haben Sie zum Beispiel schon Brotbeutel-Clips, um Ihren Kabelsalat in Ordnung zu halten? Oder wissen Sie schon, wie Sie sich Ihren Stundenplan am schnellsten merken? Und was, wenn Sie mal wieder etwas verliehen haben, aber partout nicht mehr wissen, an wen?

Lassen Sie sich von unseren Life Hacks inspirieren und setzen Sie ganz viele Dinge in die Tat um! Das kriegen Sie auch noch gehackt …

Wir wünschen Ihnen viel Freude dabei!
Ihr Auer Verlag

[1] Aufgrund der besseren Lesbarkeit ist in diesem Buch mit Lehrer auch immer Lehrerin gemeint, ebenso verhält es sich mit Schüler und Schülerin.

KREIDEHÄNDE ADE

Endlich keine Kreidehände mehr mit diesem ganz simplen Hack fürs Klassenzimmer: Umwickeln Sie die Kreide einfach mit einem Pflaster.

Florian Bauer

FLECKENFREI

Lästige Kuli- und Eddingflecken auf den Tischen? Lagern Sie am besten immer ein Fläschchen Nagellackentferner im Lehrerpult – damit lassen sich Schmierereien gut entfernen.

Andreas G. Harm

FOLIENSTIFT MIT RADIERER

Praktisch für die Arbeit am Overheadprojektor: Befestigen Sie einen Faserbommel am Ende eines Folienstiftes. So haben Sie einen integrierten Radierer für die Arbeit auf Folie. Eine nützliche Kombination!

Florian Bauer

PLATZ FÜRS TAFELBILD KALKULIEREN

Richtig unangenehm: Das schön geplante Tafelbild passt leider nicht mehr auf die Tafel. Sie quetschen die letzten Wörter in die unterste Ecke ... Für Schaustunden oder auch zur eigenen Sicherheit bezüglich Platzeinteilung schreiben Sie das Tafelbild vorab mit einem Radiergummi an. Nur aus der Nähe ist die Schrift sichtbar, von weiter weg nicht.

Florian Bartl

KREIDEHALTER MIT MAGNET

Kreide verschollen? Oder liegt sie nass und verdreckt in der Tafelablage?
Kleben Sie mit Sekundenkleber einen Neodymmagneten an den Kreidehalter. Dann kann der Kreidehalter einfach an die magnetische Tafel gehängt werden, bleibt sauber und ist immer auffindbar.

Andreas G. Harm

TRICKS & TIPPS ZUM TAFELWISCHEN

Ein super Tipp: Tafel wischen und dann mit einem Lkw-Scheibenwischer abziehen. Das geht schnell und man muss nur einmal ziehen! Alternativ nehmen Sie einen normalen Fensterwischer. Reinigen Sie die Tafel ein- bis zweimal pro Woche gründlich, z. B. mit Essigwasser.

Florian Bartl

SCHWAMM MIT MAGNET

Soll der Schwamm nicht im Schmutz liegen, kann auch hier ein Neodymmagnet hilfreich sein. Schneiden Sie vorsichtig mit einem spitzen Messer in die untere Seite des Schwammes eine kleine Tasche (ca. 5–7 cm tief). Stecken Sie den in Folie eingeschweißten Neodymmagneten in die Tasche. Dann kann auch der Schwamm an die magnetische Tafel gehängt werden – er sollte jedoch nicht mehr triefend nass sein.

Andreas G. Harm

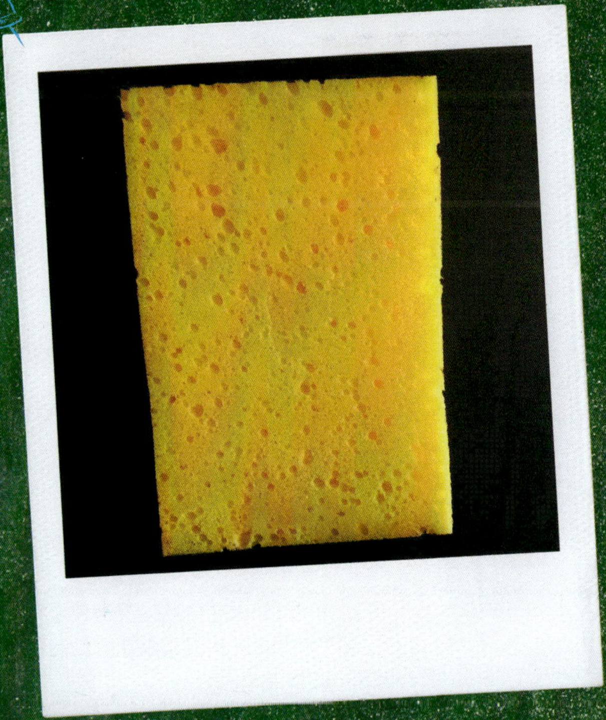

MODERATIONSKOFFER – SELBST ZUSAMMENGESTELLT!

Moderationskoffer kann man natürlich fertig kaufen, sie sind aber relativ teuer. Ich habe mir daher einen individuellen Koffer zusammengestellt. Geeignete Koffer mit Fächern gibt es z. B. im Baumarkt schon ab 20 Euro. Befüllen Sie Ihren Koffer dann mit geeigneten Materialien: dicke und dünne Filzstifte, Folienstifte, OHP-Folie, Schere, verschiedenes Papier, Klebefilm, Klebepunkte, Losmaterialien etc.
Beschriften Sie die Stifte mit Ihrem Namen und merken Sie sich die genaue Anzahl, bevor Sie das Material an die Schüler ausgeben.

Matthias Johler

GRUPPENEINTEILUNG MIT SPIELKARTEN

Nutzen Sie für die Gruppeneinteilung ganz einfach Spielkarten: Hier ergeben sich viele Möglichkeiten der Gruppenbildung: nach Farben, Symbolen, … Die Karten sind in der Regel ausreichend für die ganze Klasse.

Florian Bartl

MAGNETKÄRTCHEN MIT SCHÜLERNAMEN

Fertigen Sie kleine Kärtchen (ca. 3 x 12 cm) mit den (Vor-)Namen Ihrer Schüler an. Dann laminieren Sie die Kärtchen und versehen sie mit einem selbstklebenden Magnetplättchen.
Die Kärtchen heften Sie an die Tafel – am besten auf die wegklappbare Außenseite –, wo sie das ganze Schuljahr über bleiben. Jetzt können Sie schnell und zweifelsfrei Partner zu- oder Gruppen einteilen. Auf der Tafel oder mittels weiterer Kärtchen können Sie die Aufgabe in der Gruppe (z. B. Gruppenleiter) zuweisen.
Auch für andere Aufgaben sind die Kärtchen nützlich (Wer war schon, wer muss noch?).

Matthias Johler

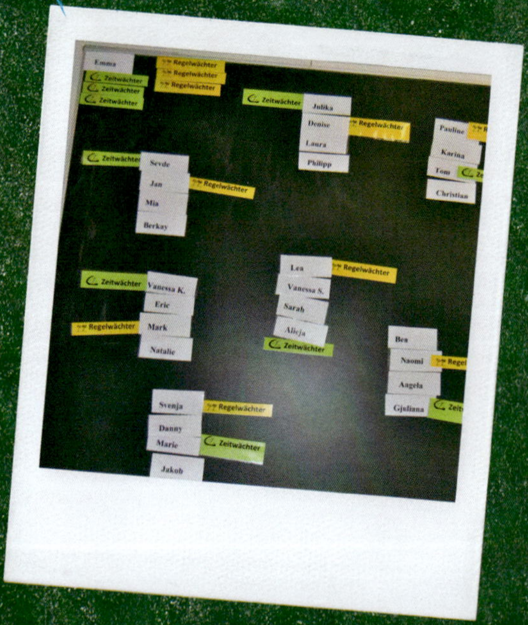

DER 30-SEITIGE WÜRFEL

Führen Sie einen solchen Würfel ständig mit sich, am besten mit Ihren Schreibunterlagen. Wann immer es um einen „Freiwilligen“ (Wer stellt seine Hausaufgaben vor? Wer präsentiert? Wer holt den Hausmeister?) geht, können Sie den Würfel einsetzen. Die gewürfelte Zahl entspricht der Nummer, welche die Schüler in der Klassenliste haben. Ist die Klasse kleiner und es fällt die 30, einfach noch mal würfeln, ebenso wenn ein Schüler nicht da ist oder schon an der Reihe war.

Matthias Johler

UNBEKANNTE SCHÜLER DISZIPLINIEREN

Vertretungsstunde in einer unbekannten Klasse: Bevor man sich lange abmüht à la „Du da hinten, dritte Reihe, zweiter von links im grünen Pulli, sei bitte leise …“, hilft ein einfacher Trick:

Zeichnen Sie einen Sitzplan der Klasse an die Tafel, ohne Namen. Nun kreuzen Sie die Sitzplätze der Schüler, die Sie ermahnen wollen, einfach an. Dies ist als Verwarnung zu verstehen. Stört der Schüler erneut, wählen Sie eine Disziplinierung aus. In der Regel müssen Sie dieses Vorgehen der Klasse nicht einmal erklären, es versteht sich für die Schüler von selbst.

Matthias Johler

JOKER FÜR DIE KLASSENARBEIT

Normalerweise legen Sie zu Beginn des Schuljahrs fest, wie viele Klassenarbeiten geschrieben werden. Nun dürfen die Schüler für eine dieser Arbeiten im Voraus einen „Joker" setzen, wenn sie glauben, dass sie in dieser Arbeit ganz besonders gut sein werden. Überlegen Sie sich, worin die Wirkung des Jokers bestehen soll: Vielleicht zählt die Note dieser Klassenarbeit im Jahresdurchschnitt dann doppelt oder die Note wird um eins erhöht. Auf jeden Fall wird sich der Schüler für diese Klassenarbeit ganz besonders bemühen. Vielleicht fällt so bei manchem der Groschen, dass Anstrengung sich lohnt.

Matthias Johler

BEWEGUNG TUT GUT

Die alten Mönche liefen durch die Klostermauern und rezitierten Lied- und Bibelverse. Dies hatte einen hohen Lerneffekt – deshalb im Mönchsgang durch die Klasse und über den Schulhof laufen und dabei wichtige Wörter, Phrasen, Formeln laut rezitieren.

Andreas G. Harm

BEGRÜẞUNGSRITUAL

Begrüßen Sie Ihre Schüler nicht nur einfach, sondern stellen Sie danach kleine Warm-up-Fragen – dann fühlen sich die Schüler ernst genommen und die Atmosphäre ist gleich viel persönlicher und entspannter. Als Hilfe kann man einen einfarbigen Plastikball mit verschiedenen Feldern beschriften (z. B. „Was hast du am Wochenende erlebt?", „Was ist dein großer Traum?", „Welchen Film magst du besonders gerne?", …). Wer den Ball fängt, berichtet kurz über das Feld, das sich unter dem Daumen befindet.

Andreas G. Harm

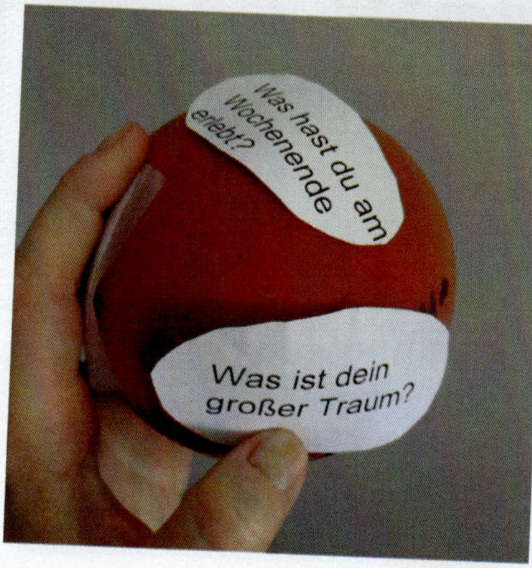

DIE ZEIT IM BLICK

Damit Ihre Schüler z. B. bei Klassenarbeiten im Blick haben, wie viel Zeit sie noch haben: Kaufen Sie eine einfache, analoge Uhr, montieren den Stundenzeiger ab und kleben ein Zifferblatt von 60 bis 0 auf. Der Minutenzeiger zeigt dann immer die Restzeit an.

Andreas G. Harm

MELDESYSTEM

Stillarbeit und alle schön konzentriert bei der Sache … Von wegen: Meldungen, Fingerschnipsen, Hereinrufen – das alles stört. Lassen Sie die Schüler ein Meldesignal bauen, z. B. einen Holzklotz oder eine beklebte Klorolle – oben gelb, unten blau. Je nachdem, welche Farbe oben steht, weiß der Lehrer, was los ist:

gelb = der Schüler braucht Hilfe oder hat eine Frage;
blau = der Schüler ist fertig und benötigt zusätzliches Material zum Weiterarbeiten.

Andreas G. Harm

TWO-IN-ONE-HEFT

Etliche Fächer (Deutsch / Mathematik / Fremdsprachen) arbeiten mit mehreren Heften, z. B. Schul- und Hausheft, Rechtschreib-, Grammatikheft, Literatur- und Aufsatzheft, … Die Schüler müssen immer mehrere Hefte mitnehmen bzw. haben im Zweifelsfall natürlich das richtige Heft zu Hause gelassen. Steigen Sie doch einfach auf Two-in-one-Hefte um! Dabei beginnen die Schüler ein Heft von beiden Seiten. Ein DIN-A3-Blatt wird beschriftet und mit einem Klarsichtumschlag befestigt als Umschlag verwendet.

Sandra Müller-Hoffmann

MELDE-BOARD

Wenn manche Schüler sich nie melden, im Gespräch mit ihnen jedoch keine spezifische Ursache dafür festzustellen ist, kann das Melde-Board als kurzzeitige Motivationshilfe helfen. Die vier Ecken eines DIN-A4-Blattes werden als Eselsohr eingeklappt, in die Klappen kommt für jüngere Schüler ein nettes Bildchen. Für ältere Schüler eignet sich ein Witz, in vier Teile geteilt, und hinter der vierten Klappe versteckt sich die Pointe. Für jede Wortmeldung darf eine Klappe geöffnet werden. Ein bis zwei Boards pro Klasse reichen. Dadurch bleibt diese Methode unaufwendig.

Sandra Müller-Hoffmann

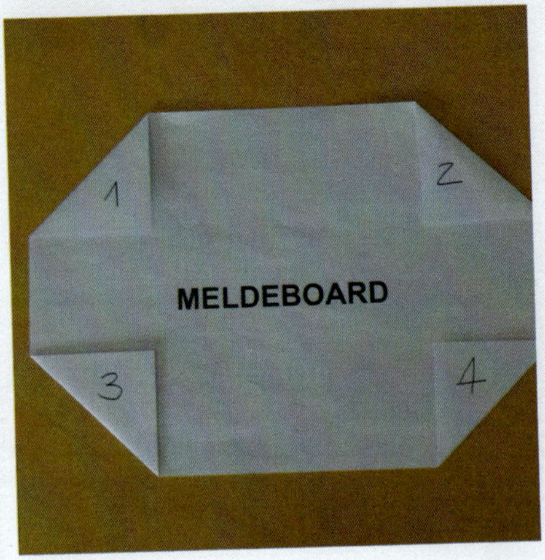

UNTERRICHTSVERLAUF MIT POWERPOINT

Erstellen Sie Ihren Unterrichtsplan auf verschiedenen Folien in PowerPoint. Pro Folie reicht eine Arbeitsanweisung oder ein zentraler Gedankengang, zu dem Sie dann referieren. Auch vorgefertigte Hefteinträge, Lückentext o. Ä. eignen sich.
Gegenüber schriftlichen Notizen hat das den Vorteil, dass Sie nur die Folien weiterschalten müssen. Wenn Sie dennoch ein Papier möchten, evtl. für eigene Notizen, können Sie sich die Folien in einer kleinen Übersicht ausdrucken.

Matthias Johler

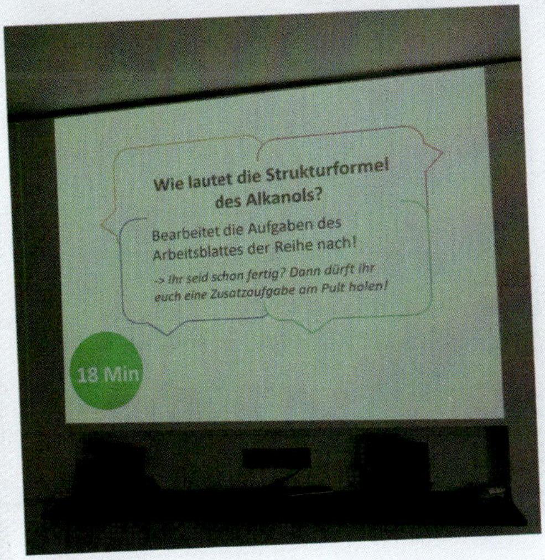

EFFIZIENTE NACHBEREITUNG

Der Zeitaufwand, um Unterricht nachzubereiten und alles wieder so einzusortieren, dass man das nächste Mal einfach darauf zurückgreifen kann, wird oft unterschätzt. Wichtig ist, das Material schnell und übersichtlich einzuordnen.

Werfen Sie alle überzähligen Kopien weg. Bewahren Sie nur eine Kopiervorlage für das nächste Mal auf. Schreiben Sie (von Hand!) kleine Notizen als „Nachrichten für mich in der Zukunft" auf das Material oder auf Post-its.

Matthias Johler

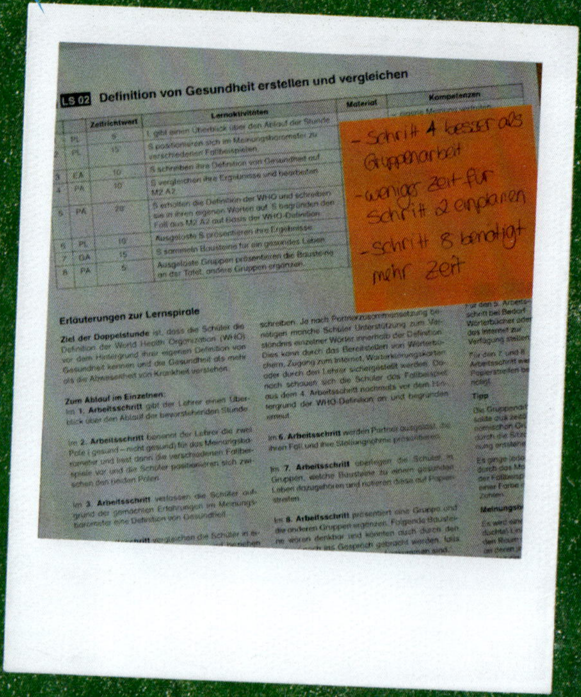

ARBEITSBLÄTTER MEHRFACH VERWENDEN

Für diesen Hack befestigen die Schüler einfach mit Büroklammern eine OHP-Folie auf einer Buchseite oder einem Arbeitsblatt. Die Aufgaben werden dann mit wasserlöslichem Stift auf der Folie bearbeitet. So können Ihre Schüler das Arbeitsblatt mehrfach benutzen oder in einem Buchtext Markierungen anbringen.
Etwas aufwändiger in der Herstellung, dafür aber optimal für die Selbstkontrolle: Schreiben Sie die Lösung (dieses Mal mit permanentem Stift) auf eine Lösungs-Folie. Damit kontrollieren die Schüler ihr Arbeitsblatt.

Matthias Johler

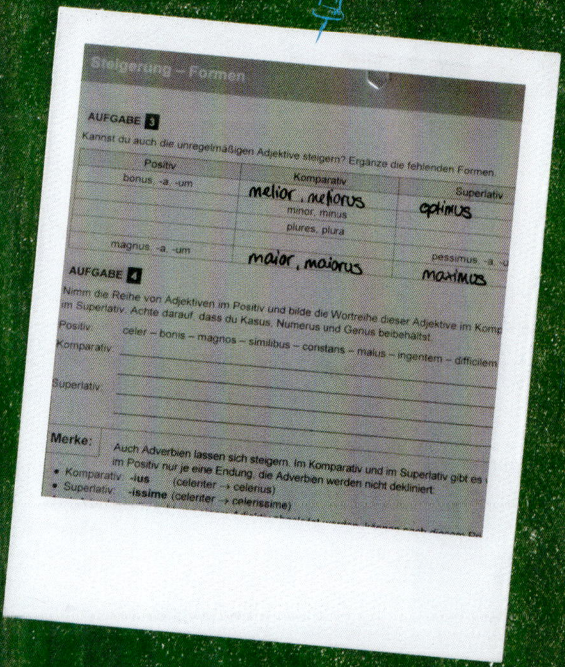

NOTENTABELLE MIT LINEAREM VERLAUF

Sie sind es leid, ständig auszurechnen, welche Note ein Schüler in einem Test mit 17 Punkten bei einer Gesamtpunktzahl von 27 Punkten bekommt? Oder dauernd die Frage zu beantworten, weshalb er mit der halben Punktzahl keine 3 bekommt?
Erstellen Sie sich eine Notentabelle für den linearen Verlauf. Zeichnen Sie dann die Gerade ein und lesen die Noten für jede Punkt- oder Fehlerzahl einfach ab.

Matthias Johler

Schaubild zur linearen Notengebung nach Fehlern

Ab 18 Fehlern bekommt der Schüler in dieser Arbeit die Note 6.
In diesem Beispiel hat der Schüler 10 Fehler und bekommt demnach eine 4+.

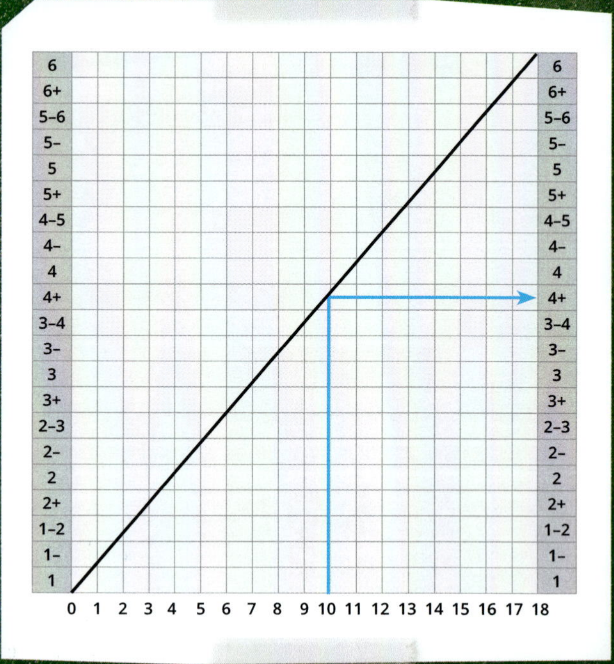

HAND-IN-HAND-HEFTKONTROLLE

Greifen Sie bei der Heftkontrolle auf die Unterstützung durch die Eltern zurück: Diese sehen sich das Heft einmal in der Woche gemeinsam mit ihrem Kind durch. Sie achten auf Sauberkeit, Richtigkeit und Vollständigkeit. Wichtige Inhalte lassen sich die Eltern erklären. Danach bestätigen die Eltern mit der Unterschrift am Heftrand die Durchsicht. Besprechen Sie das Verfahren vorab mit den Eltern und bedenken Sie, dass nicht alle Eltern dies leisten können und wollen. Sie müssen die Hefte natürlich trotz allem weiterhin kontrollieren, aber es geht schneller.

Sandra Müller-Hoffmann

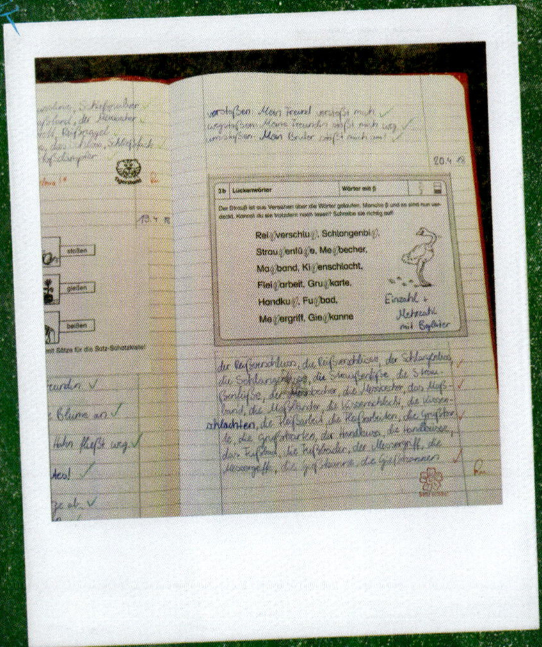

RÜCKMELDUNG PER MP3

Warum nehmen Sie Ihre Rückmeldungen an die Schüler nicht mal als mp3-Datei auf? Das spart Zeit und Energie! In einer Audio-Datei kann man seine Inhalte schneller und deutlicher auf den Punkt bringen, sich leichter auf den Text beziehen, und die Chance, dass der Schüler sich mit der Rückmeldung auseinandersetzt, ist deutlich größer. Diese Methode eignet sich z. B. hervorragend, um Aufsätze im Fach Deutsch zu korrigieren: In einer ersten Datei liest man den Aufsatz vor und verbessert bei laufendem Aufnahmegerät die Rechtschreibung, wobei man sehr detailliert auf den Fehler eingehen und z. B. die verletzte Rechtschreibregel nennen kann. In einer zweiten Datei beurteilt man dann den Inhalt des Textes. Ich korrigiere eigentlich alle meine Aufsätze so!

Matthias Johler

BEWERTUNG VON REFERATEN

Legen Sie zur besseren Bewertung von Referaten oder Diskussionsrunden im Vorfeld gemeinsam mit den Schülern Kriterien fest. Das sollte nicht besonders neu sein … Verfahren Sie dann weiter so: Stellen Sie die Kriterien zu einer Tabelle zusammen und kopieren Sie diese dreimal auf OHP-Folie. Während der Präsentation sollen nun drei unterschiedliche Schüler die Bewertung ausfüllen. Anschließend werden die drei Folien übereinandergelegt und bieten aufgrund der Unterschiede oder Gemeinsamkeiten in der Bewertung einen guten Gesprächsanlass, der von den Schülern selbst kommt und nicht vom Lehrer.

Frank Lauenburg

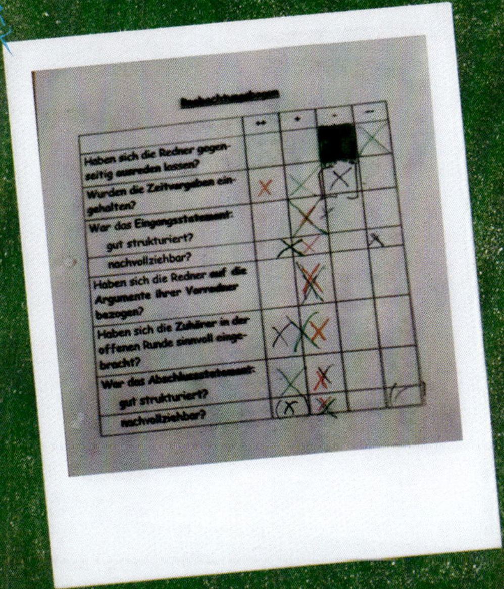

SELBSTBEWERTUNG

Nach einem Referat lasse ich die Schüler sich selbst bewerten. Hierfür haben wir im Vorfeld in der Klasse gemeinsam Bewertungskriterien festgelegt. Diese Selbstbewertung gleiche ich anschließend im Gespräch mit meiner eigenen Beurteilung ab. Die Schüler erhalten das ausgefüllte Raster. Zuletzt sollen sie sich ein bis zwei Dinge für ihr nächstes Referat vornehmen und auf der Rückseite notieren. Diese Bewertung kann gut vor dem nächsten Referat genutzt werden.

Frank Lauenburg

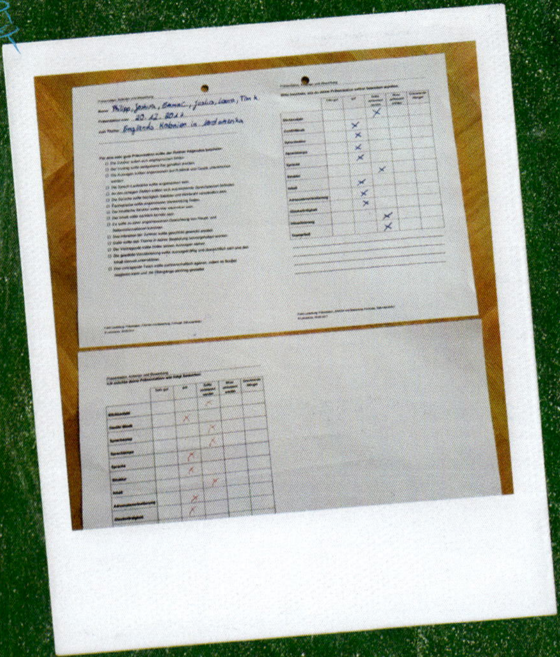

BLITZ-SELBSTEINSCHÄTZUNG

Verwenden Sie Mini-Zettel (ca. DIN A6), um den Schülern schnell einen Eindruck ihres aktuellen Leistungsstandes zu geben. Jeder Schüler notiert darauf seinen Namen und die Note, die er seiner Meinung nach bis zu diesem Zeitpunkt „verdient" hat. Sammeln Sie die Zettel ein und kommentieren Sie die Noten knapp mit einem Haken als Zustimmung oder kurzen Kommentaren. So erhalten die Schüler einen schnellen Überblick und es ergeben sich u. U. notwendige Gesprächsanlässe.

Frank Lauenburg

ERKÄLTUNG ADE

Beträufeln Sie in der Erkältungszeit einen feuchten Lappen mit Eukalyptusöl und legen ihn auf die Heizung.

Andreas G. Harm

PERSONALISIERTE TASSEN IM LEHRERZIMMER

Geben Sie alle Tassen aus dem Schrank im Lehrerzimmer weg. Dann bekommt jeder Lehrer eine Tasse mit seinem eigenen Foto drauf. So lässt sich relativ schnell herausfinden, wer seine Tasse wieder nicht in die Spülmaschine gestellt hat … Klappt an unserer Schule super!

Matthias Johler

KOMPLIMENTE TO GO

Ein ganz einfacher Lehrerhack für gute Laune bei den Kollegen: Komplimentezettel im Lehrerzimmer aufhängen, Zettelchen abreißen und wohlfühlen!

Ferdinand Falkenberg

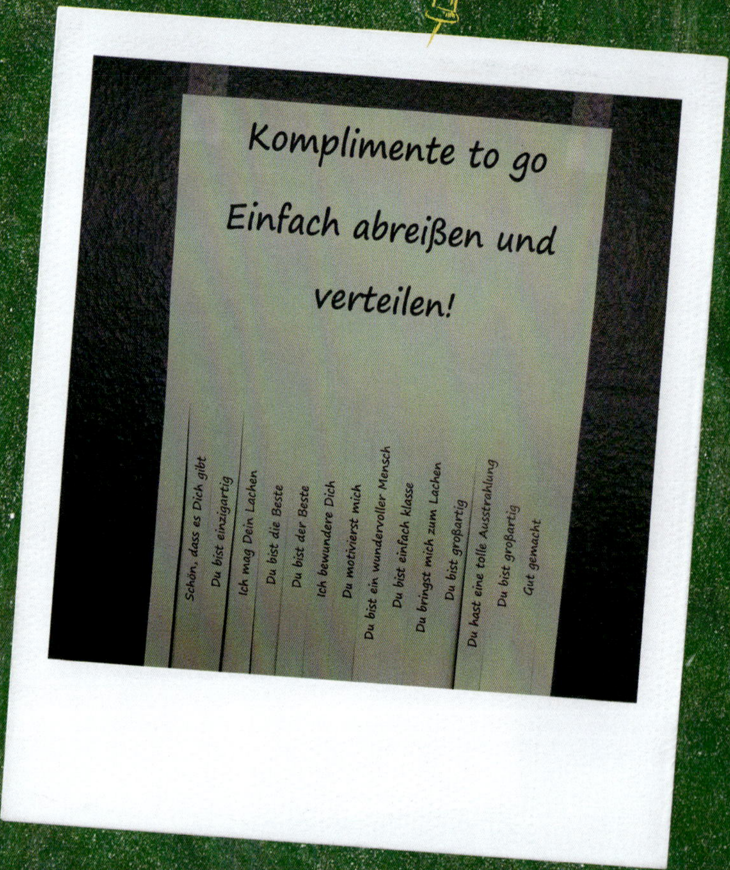

KAFFEE IM LEHRERZIMMER

Wie oft ist es Ihnen schon passiert, dass der Kaffee im Lehrerzimmer nicht mehr frisch war? Damit endlich jeder weiß, wann der Kaffee gekocht wurde, gibt es diesen einfachen Kaffee-Hack:
Zwei Pappbecher mit der Öffnung nach unten übereinander stülpen, auf den oberen einen Pfeil mit „Kaffee gekocht" und auf den unteren die Stunden aufmalen. Kaffee kochen, drehen, Uhrzeit festhalten!

Florian Bauer

VERLEIHEN IM GRIFF

Sie verleihen sicherlich oft Dinge: an Schüler, an Kollegen, Freunde und Bekannte. Da verliert man schnell mal den Überblick. Machen Sie deshalb immer ein Foto von der Person mit dem Gegenstand, den Sie verleihen. So können Sie im Notfall alles von dem / der Richtigen zurückfordern.

Florian Bauer

SCHÜLER SCHREIBEN ELTERNBRIEFE

Kleine, aber notwendige Nachrichten an die Eltern: Auch wenn es sich nur um wenige Sätze handelt, ist es lästig und kostet Zeit. Deswegen sollten Sie die Schüler solche kleinen Nachrichten selbst schreiben lassen – vor allem bei den unangenehmen Dingen kann sich auch eine pädagogische Wirkung einstellen:

- „Ich habe heute von Frau Schmid eine Strafarbeit bekommen, weil ich …"
- „Lieber Papa, Frau Maier möchte gerne mit dir ein Gespräch über mich führen. Ich soll ihr morgen sagen, wann es für dich am besten passt."

Die Eltern bestätigen mit ihrer Unterschrift unter diesen Brief dann ihre Kenntnisnahme. Selbstverständlich müssen Sie das in der nächsten Stunde kontrollieren.

Matthias Johler

KONFLIKTFÄLLE ANALYSIEREN

Im Optimalfall sind Eltern und Lehrer Partner, wenn es um die Erziehung der Kinder geht. Das ist leider nicht immer selbstverständlich und es lohnt sich vielleicht, bei einem Elternabend die wichtigsten Konfliktpunkte zwischen Eltern und Lehrer anzusprechen. Stellen Sie den Eltern gezielt Fragen, schreiben sie diese auf Kärtchen, lassen die Eltern in Gruppen diskutieren und dann präsentieren. Gute Fragen könnten beispielsweise sein:

- „Der Lehrer ist mit der Hausaufgabe Ihres Kindes nicht zufrieden. Sind Sie einverstanden, dass es die Hausaufgabe komplett neu anfertigen muss?"
- „Verstehen Sie Kritik an Ihrem Kind auch als Kritik an sich selbst?"
- „Sie sind mit der Arbeit eines Lehrers gar nicht zufrieden. Inwieweit thematisieren Sie diese Unzufriedenheit mit Ihrem Kind?"

Matthias Johler

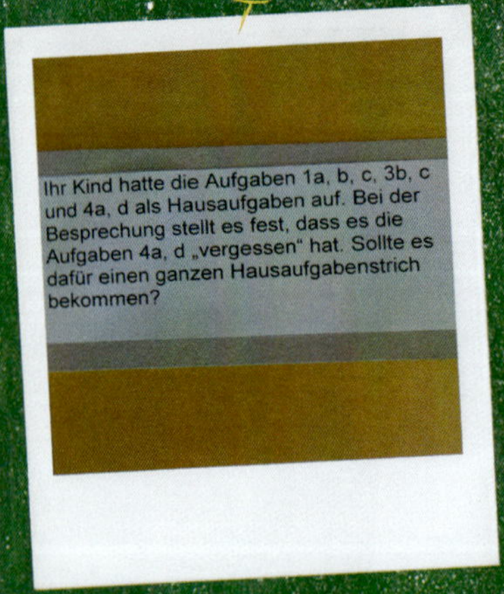

MEHRZWECK-NAMENSSCHILDER

Notieren Sie auf den Namensschildern Ihrer Schüler vorne den Vornamen und hinten den Nachnamen: Am Elternabend lassen Sie die Eltern auf den Plätzen Ihrer Kinder sitzen und drehen die Namensschilder einfach um. So gibt es keine Namens-Unsicherheiten mehr!

Katharina Bühler

DIE KENNENLERNSTUNDE EFFEKTIV NUTZEN

Machen Sie auch Fotos von Ihren Schülern mit Namensschildern, wenn Sie eine neue Lerngruppe übernehmen? Das ist sicherlich nichts Besonderes.
Aber: Um die Fotos zu machen, benötigen Sie Zeit. Damit keine Unruhe entsteht, lassen Sie die Schüler doch in dieser Zeit ein Blatt mit vier Kriterien ausfüllen (ein Kriterium pro Ecke): „Ich bin", „Ich will", „Ich weiß" und „No-Gos". Mithilfe dieser vier Aspekte sollen die Schüler sich anschließend vorstellen. Vorteil: Sie verschaffen sich Zeit fürs Fotografieren der Schüler mit Namen, lernen die Schüler ein wenig kennen und erfahren etwas über die Interessen, vor allem aber über den Wissensstand, an den man anknüpfen kann.

Frank Lauenburg

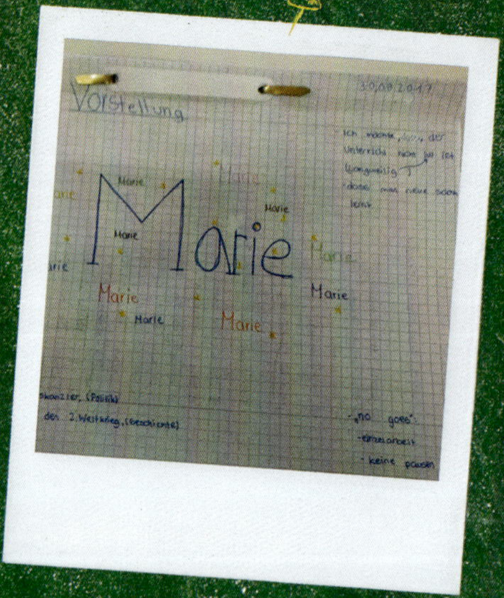

SCHÜLERZAHL ERMITTELN DURCH „TORBOGEN“

Sie befinden sich auf einer Klassenfahrt, haben die Verantwortung für eine große Schülergruppe – gar eine ganze Jahrgangsstufe – und müssen außerhalb des Busses überprüfen, ob auch wirklich alle anwesend sind? Mit der Methode „Torbogen“ können Sie relativ zügig Ihre Schüler zählen. Zwei Lehrer strecken die Arme aus, berühren sich und bilden damit einen Durchgang. Durch diesen gehen die Schüler nach und nach hindurch. Es wird abgezählt, die Anwesenheit ist überprüft.

Joachim Schweizer

KEINE HANDYS

Stellen Sie es nicht zur Diskussion in der Klasse oder beim Elternabend, sondern machen Sie es zur Bedingung: Ich führe die Fahrt mit der Klasse nur durch, wenn die Handys zu Hause bleiben! Lassen Sie die Standard-Gegenargumente nicht gelten, denn: Für den Notfall haben die Lehrer ein Handy dabei, Fotos kann man mit Fotoapparaten machen, Absprachen und Treffpunkte sind einzuhalten und die Schüler können tatsächlich ein paar Tage ohne Handy überleben.
Sie ersparen sich viel Ärger, wenn die Schüler keine Handys mitführen: Mobbereien, nächtliche Absprachen über Zimmergrenzen hinweg, der Live-Bericht nach Hause, was den Schülern alles nicht passt bis hin zu wütenden Elternanrufen („Mein Sohn sagt, das Essen sei ungenießbar …“).
Einzige Stolperfalle: Für die Heimkehr der Schüler müssen Sie evtl. eine Telefonkette organisieren, damit die Schüler abgeholt werden, falls sich die Ankunftszeit verschiebt.

Matthias Johler

FEEDBACK-ECKE

Lob kommt in unserem Beruf bisweilen recht spärlich daher. Bewahren Sie sich deshalb positives Feedback gut auf: Evaluationsbögen der Schüler am Schuljahresende, Dankeskarten von Eltern etc. Vielleicht gestalten Sie ja in Ihrem Arbeitszimmer eine kleine Ecke mit diesen schönen Erinnerungen, von denen Sie auch in stressigen Zeiten zehren können.

Joachim Schweizer

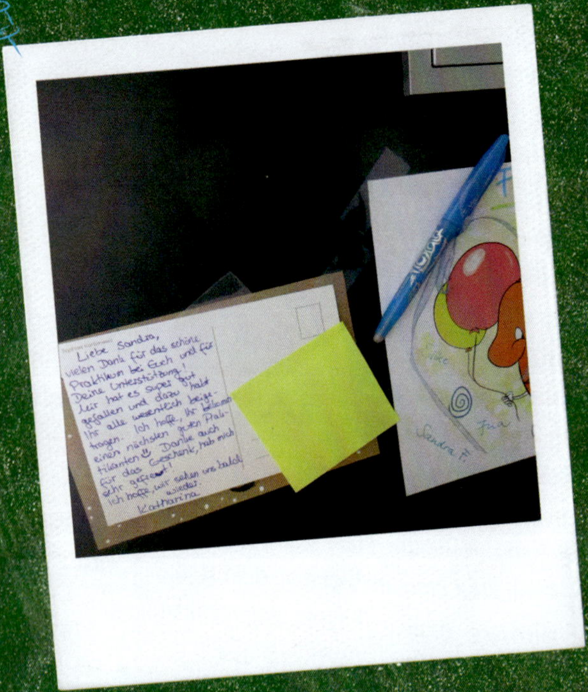

KEIN KABELSALAT DURCH BROTBEUTEL-CLIP

Immer dieser Kabelsalat auf dem Schreibtisch! Dabei haben Sie das passende Mittel mit Sicherheit griffbereit: Verwenden Sie die Clips für Brotbeutelverpackungen, um Ordnung in Ihre Kabel zu bringen. Funktioniert für zu Hause und auch für die Schule.

Florian Bauer

ORGANISATION FÜR DEN ARBEITSPLATZ ZUHAUSE

Ordnung im Arbeitszimmer durch diesen DIY-Tipp: Schneiden Sie alte Kartons zurecht und sammeln Sie kleine, leere Boxen. Ordnen Sie darin Ihre Schreibtisch-utensilien thematisch in der Schublade an.

Florian Bauer

PIVOT-FUNKTION BEIM BILDSCHIRM

Sie sitzen für Ihre Unterrichtsvorbereitung und Korrespondenz viele Stunden täglich vor dem Bildschirm. Gönnen Sie sich deswegen einen großen, augenfreundlichen Bildschirm.
Achten Sie beim Kauf auf die sogenannte Pivot-Funktion. Das bedeutet, dass Sie den Bildschirm auch hochkant aufstellen können. Das sieht im ersten Moment seltsam aus, ergibt aber Sinn, denn die meisten Word-Dateien, PDFs und Internetseiten sind hochkant ausgerichtet.

Matthias Johler

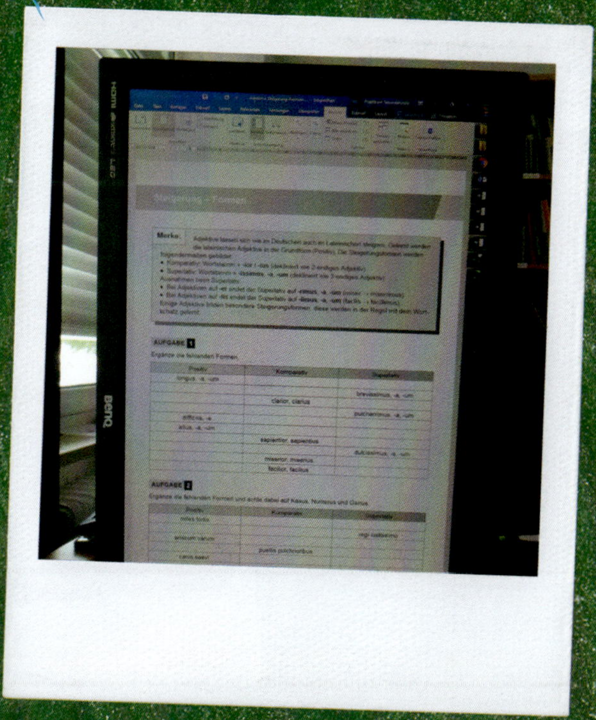

ORDNUNG IM PC I: ALLES DURCHNUMMERIEREN

Vergeben Sie für Ihre Dateien und Ordner im Computer nicht nur einen möglichst aussagekräftigen Namen, sondern auch eine Ordnungszahl. Am besten zweistellig: 01_Deutsch; 02_Mathematik; 03_Englisch usw.
Der Trick hat folgenden Hintergrund: Der PC sortiert die Dateien und Ordner in der Regel alphabetisch. Wenn Sie also beispielsweise nach und nach einen Ordner mit Dateien füllen, ändert sich immer wieder die Reihenfolge, weil der Computer alle Dateien alphabetisch sortiert. Wenn Sie von vorneherein Zahlen vergeben, sortiert der PC jedoch nach Zahlen.
Wenn Sie dann später noch ein Arbeitsblatt zwischendrin einschieben wollen, müssen Sie nicht jede nachfolgende Zahl wieder ändern. Man kann auch einfach Untergruppen organisieren: 01b beispielsweise kommt direkt nach 01 bzw. 01a.

Matthias Johler

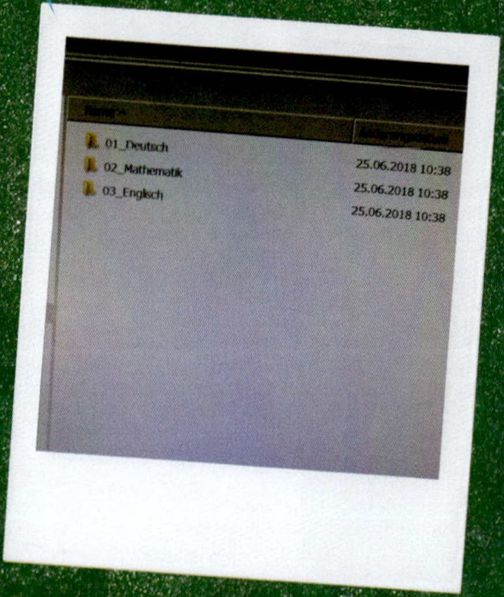

ORDNUNG IM PC II: REIHENFOLGE

Alle Ordner schön brav nummeriert und jetzt ist trotzdem alles durcheinander? Vermutlich haben Sie versehentlich die Darstellungsoptionen geändert. Kein Problem: Stellen Sie im Explorer unter „Ansicht" wieder „Details" ein. Das ist meiner Meinung nach die nützlichste Darstellungsform. Jetzt klicken Sie in das Feld „Name".

Der Klick dreht die Reihenfolge oder sortiert neu. Das können Sie z. B. auch bei der Suche nach einer Datei nutzen: Sie wissen, dass Sie die Datei vor zwei Tagen gespeichert haben? Dann klicken Sie auf den Reiter „Änderungsdatum" – der PC sortiert die Dateien in der Reihenfolge des Speicherdatums. (Danach dann wieder auf „Name", damit die übliche, alphabetische Reihenfolge wieder hergestellt wird.)

Matthias Johler

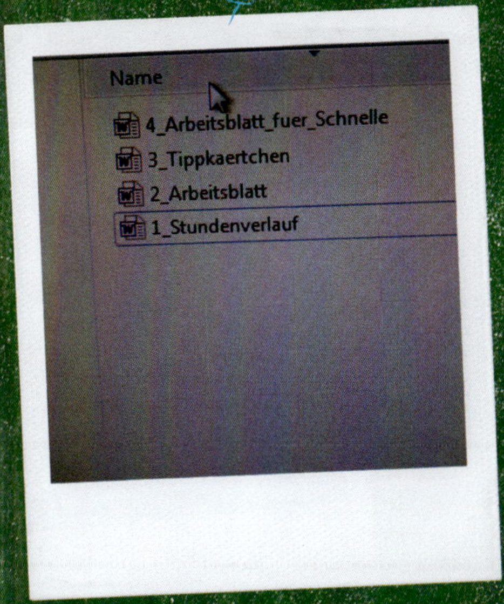

ORDNUNG IM PC III: DER Z-ORDNER

In vielen Ordnern bietet es sich an, einen Unterordner mit dem Namen „z_loeschen" zu erstellen. Hier speichern Sie Dateien, die Sie nur für kurze Zeit benötigen oder wenn Sie mal schnell einen Speicherplatz brauchen. So was kommt häufiger vor, als man denkt!
Machen Sie sich klar, dass Sie hier nur Dinge ablegen, die nicht dauerhaft abgespeichert werden sollen. Zur Regel gehört auch, dass Sie den Ordner „z_ loeschen" jederzeit leeren oder löschen dürfen, wenn Sie später wieder auf ihn stoßen.
So verhindern Sie, dass sich viel Datenmüll zwischen Ihren wichtigen Dateien ansammelt. Das „z" am Anfang des Ordners sorgt dafür, dass sich dieser Ordner immer ganz unten befindet.

Matthias Johler

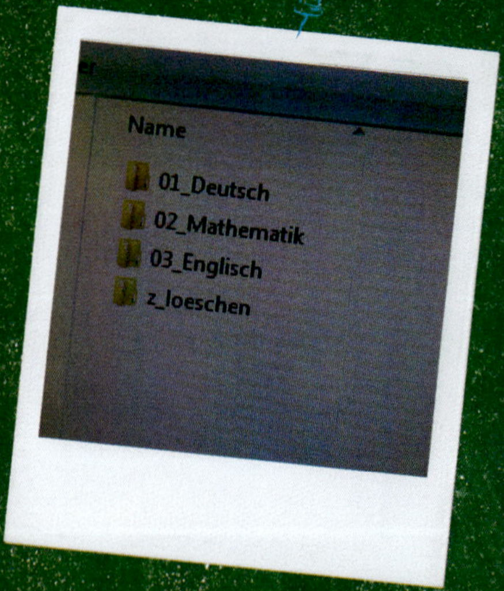

ORDNUNG IM PC IV: ENDE MIT DEM SPEICHERCHAOS

Geht es Ihnen auch so? Sie speichern Dateien auf Ihrem Computer, diversen USB-Sticks, externen Festplatten, dem Computer in der Schule und anderen Orten... Und im Zweifelsfall ist das benötigte Material garantiert unauffindbar.
Die Lösung: Legen Sie für sich **einen zentralen** Speicher fest – in der Regel wird das der PC in Ihrem Arbeitszimmer sein.
Besorgen Sie sich nun **einen** USB-Stick, mit dem Sie Daten vom und zum zentralen Speicher transportieren.
Auf diesem Stick legen Sie nun zwei Ordner an: „Identisch_daheim" und „Auf meinen PC".
In den Ordner „Identisch daheim" kommen Dateien, die Sie beispielsweise von Ihrem Computer in die Schule bringen möchten. Irgendwann können Sie diese Dateien löschen, denn Sie haben sie ja „identisch daheim" auf ihrem Computer.
Im Ordner „Auf meinen PC" speichern Sie Dateien, die Sie z. B. in der Schule erstellt oder bearbeitet haben und in Ihr Archiv auf den heimischen PC überführen wollen.

Matthias Johler

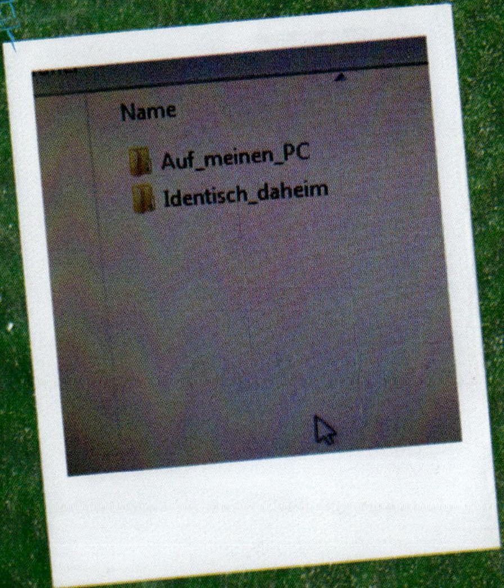

ORDNUNG IM PC V: DATENSICHERUNG

Wenn Sie schon eine Weile Lehrer sind, liegt auf Ihrem Computer ein einzigartiges Archiv, in das Sie unzählige Stunden, viel Mühe, Wissen und Ideen gesteckt haben.
Es ist unbezahlbar! Nicht auszudenken, wenn Sie es verlieren würden.
Es ist eine Binsenweisheit, dennoch extrem wichtig: Machen Sie regelmäßig ein Backup Ihrer Daten!
Spätestens alle drei Monate sollten Sie den Inhalt Ihrer Festplatte kopieren und auf einer externen Platte speichern.
Damit Sie das nicht vergessen, schreiben Sie sich das Datum für die nächste Sicherung wie einen Termin in Ihren Terminkalender. Oder auf einen Zettel, den Sie an Ihren Monitor heften.
Und immer dran denken: Keine Festplatte hält ewig!

Matthias Johler

PRIVATER LAPTOP IN DER SCHULE

Wenn Sie Ihren privaten Laptop für Präsentationen o. Ä. in der Schule nutzen, dann richten Sie sich extra dafür ein eigenes Benutzerkonto ein. So vermeiden Sie, dass auf Ihrem Desktop private Dinge zu sehen sind oder Sie aus Versehen auf etwas Falsches klicken.

Florian Bauer

PORTABLE PROGRAMM-VERSIONEN AUF USB-STICK

Jeder kennt diese Situation: Man hat ein Video auf dem USB-Stick dabei und will es den Schülern via Schul-PC und Beamer zeigen. Leider nimmt der installierte Player die Version des Videos nicht an. Mein Tipp: Laden Sie sich passende Programme als Portable-Version auf den USB-Stick (z. B. den VLC Media Player).

Philipp Beyer

MUSIK HÖREN IM KLASSENZIMMER

Laut Musik mit dem Laptop im Klassenzimmer zu hören, ist je nach Laptop nicht wirklich gut möglich. Mit diesem Hack fürs Klassenzimmer aber schon: Verwenden Sie zerschnittene Plastikbecher als Verstärker.

Florian Bauer

FOLIEN GESPIEGELT DRUCKEN

Wenn man Folien spiegelverkehrt ausdruckt, bleibt man nicht ständig beim Schreiben im Tonerstaub hängen. Zudem kratzt man beim Wegwischen des Stifts von der Folie den eingebrannten Tonerstaub nicht ab und die Folie hält länger. Machen die meisten Kopierer in der Schule bzw. viele Drucker zu Hause.

Philipp Beyer

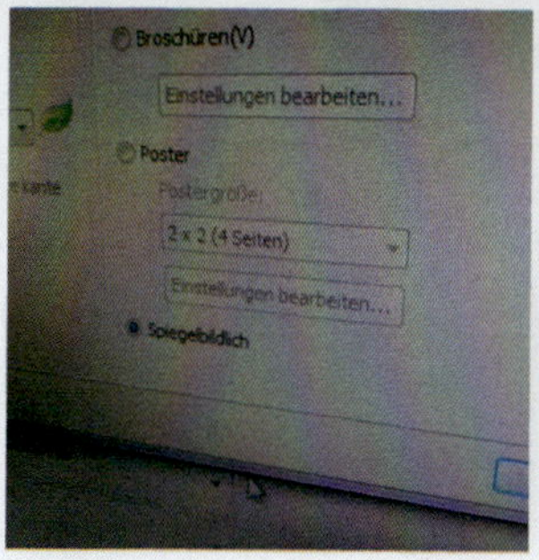

BROSCHÜRE DRUCKEN

Sie haben einen umfangreichen oder mehrseitigen Text, den Sie gerne für alle Ihre Schüler kopieren wollen? Nutzen Sie die Funktion „Broschüre drucken", die jeder Kopierer und Drucker, der eine Duplexfunktion hat, mittlerweile mitbringt. Broschüre drucken heißt, dass der Kopierer aus Ihrer Vorlage ein kleines Heftchen erstellt. Da er dazu die Vorlage um die Hälfte verkleinert, sollte sie nicht zu klein sein. Am effektivsten wird die Sache, wenn Ihre Vorlage aus einer durch vier teilbaren Anzahl von Blättern besteht. Die Vorlage wird dann automatisch verkleinert und die Seiten in der richtigen Reihenfolge gedruckt, sodass ein kleines Heftchen entsteht. Mit einem Tacker mit langem Arm kann man die Seite der Hefte noch fixieren. Ideal für Liederheft oder Nachschlageseiten …

Matthias Johler

SAUBER TRENNEN ZWISCHEN SCHULE UND ZUHAUSE

Leider gibt es für Lehrer keine Stechuhr und oft nimmt man nicht nur Arbeit, sondern auch gedanklichen Ballast mit nach Hause.

- Hängen Sie eine Liste über Ihren Schreibtisch, die Ihnen dabei hilft, sauber zwischen Schule und Privatleben zu trennen.
- Legen Sie den Zeitumfang im Voraus fest, den Sie heute für die Schule arbeiten wollen.
- Erlernen Sie einen Stop-Befehl, der Ihnen hilft, schnell an etwas anderes zu denken. Das kann auch eine Stop-Beschäftigung sein.
- Planen Sie jeden Tag mehrere Stunden ein (z. B. ab 17.00 Uhr), in denen Sie unter keinen Umständen für die Schule arbeiten und auch keine Gespräche führen.
- Führen Sie in der Öffentlichkeit grundsätzlich keine Elterngespräche (wenn Sie z. B. einen Elternteil im Supermarkt treffen); vereinbaren Sie einen Termin.

Matthias Johler

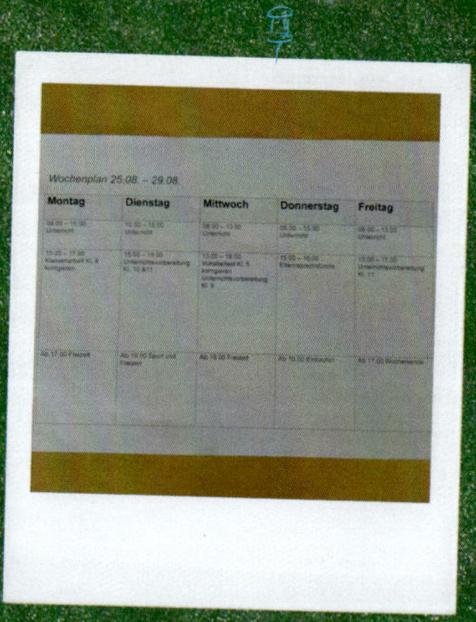

CHECKLISTE LEHRERTASCHEN-INVENTAR

Erstellen Sie sich eine Inventarliste für Ihre Lehrertasche: Unterrichtsplaner, Sitzpläne, Bücher, Arbeitshefte, Folien, Selbstklebezettel, Kreide, Folienstifte, Kugelschreiber, Bleistift, Textmarker, USB-Stick, Magnete, Haftstrips, Smartphone mit nötigen Apps, Adapter für div. Geräte, Würfel, „Spontanspiele", Snacks, … Haken Sie ab, was Sie eingepackt haben. So bleibt garantiert nichts zu Hause!

Andreas G. Harm

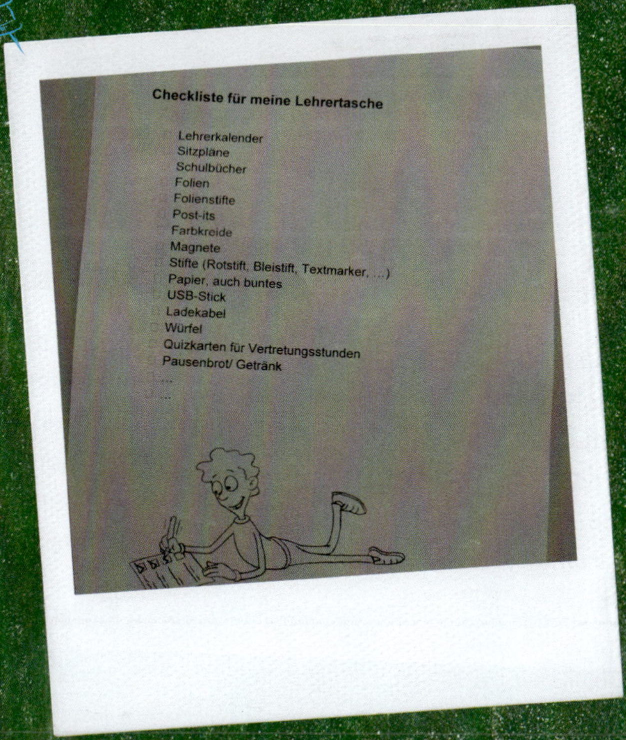

Checkliste für meine Lehrertasche

- Lehrerkalender
- Sitzpläne
- Schulbücher
- Folien
- Folienstifte
- Post-its
- Farbkreide
- Magnete
- Stifte (Rotstift, Bleistift, Textmarker, …)
- Papier, auch buntes
- USB-Stick
- Ladekabel
- Würfel
- Quizkarten für Vertretungsstunden
- Pausenbrot/ Getränk
- …
- …

WAS TU' ICH HEUTE FÜR MICH?

Das wichtigste Rüstzeug für einen Lehrer sind gute Nerven, Gelassenheit und Humor. Das ist leichter gesagt als getan und oft sind diese Dinge im Schulstress ganz schnell verbraucht. Betrachten Sie es als eine Ihrer wichtigsten Aufgaben schlechthin: Sorgen Sie dafür, dass es Ihnen gutgeht. Wenn Kraft und Nerven nachlassen, wird es höchste Zeit für eine Erholungsrunde. Das ist wichtiger als vieles andere! Denn nur wenn Sie gut „drauf sind", können Sie die Leistung erbringen, die auch Ihren Schülern am besten bekommt. Deswegen ist es völlig in Ordnung, wenn Sie sich hin und wieder selbst am wichtigsten nehmen. Stellen Sie sich täglich die Frage: Was tu' ich heute für mich?

Matthias Johler

56

STRESSFREIE PAUSENAUFSICHT

Auf dem Pausenhof: „Frau Bühler, der da drüben hat dieses und jenes gemacht!" – Und ich muss hinlaufen und mich um den „Fall" kümmern. Meine neue Standardantwort dafür lautet: „Der darf das nicht!" Sie werden staunen, in 80 % der Fälle klappt diese Aussage: Der Schüler trollt sich zufrieden und ich kann auf meinem Posten bleiben und muss keine Streitereien schlichten!

Katharina Bühler

FAHRRADKLINGEL AN DER TASCHE

Schülerhorden im Gang und Sie kommen nicht zum Klassenzimmer durch? Es klingt zwar etwas rabiat, aber befestigen Sie doch mal eine Fahrradklingel an Ihrer Tasche und klingeln Sie sich den Weg frei.
Auch, um im Klassenzimmer für Ruhe zu sorgen, ist die Idee prima geeignet. Eine Klangschale dagegen kommt meiner Erfahrung nach in der weiterführenden Schule nicht mehr besonders gut an.

Katharina Bühler

STUNDENPLAN STETS GRIFFBEREIT

Meinen neuen Stundenplan habe ich als Bildschirmschoner oder sogar als Profilbild beim Handy oder Tablet, bis ich ihn auswendig kann.

Ansgar Stich

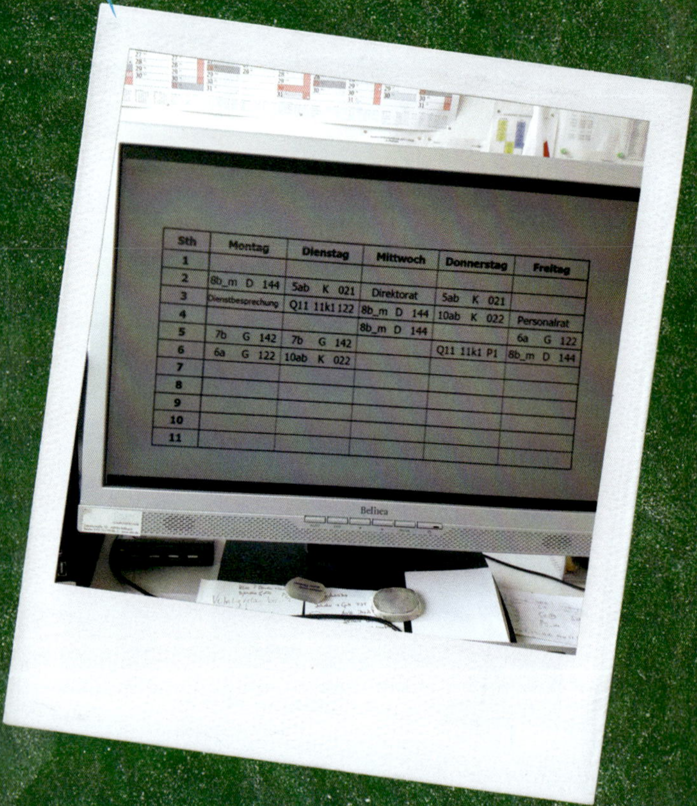

Anti-Stress

DIE ZEIT ÜBERLISTEN

Sie werden immer nur ganz knapp mit Ihrer Stunde fertig? Die Schüler zappeln schon, weil es bereits gegongt hat und Sie noch die Hausaufgaben verkünden müssen? Geht mir auch so. Daher habe ich meine Armbanduhr um ein paar Minuten vorgestellt. So beende ich garantiert pünktlich. Ein einfacher Trick, der Sie stressfrei durch Ihre Stunden begleitet.

Florian Bartl

SPONTANE VERTRETUNGS-STUNDEN MEISTERN

Ganz kurzfristig eine Vertretungsstunde aufgebrummt bekommen? Fremde Klasse, fremdes Fach?
Meine Idee: Jeder Schüler erhält ca. 5–10 Zettel (ca. DIN A6 – in der Tasche griffbereit haben!). Die Schüler sollen nun Vokabeln mit Übersetzung, Quizfragen zu Fachbegriffen inkl. richtiger Antwort, Jahreszahlen mit historischen Ereignissen o. Ä. notieren. Dafür haben die Schüler 20–30 Minuten Zeit. Anschließend sammeln Sie die Kärtchen ein und führen das Quiz durch. Vorteil: Die fachlichen Inhalte werden wiederholt und Sie überstehen jede Vertretungsstunde ohne Vorbereitung.

Frank Lauenburg

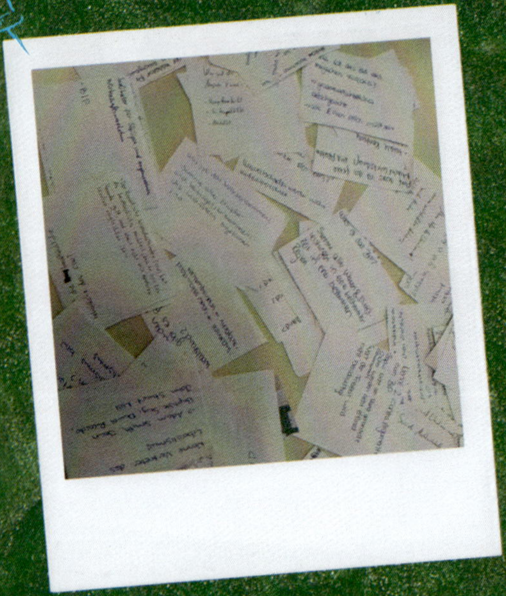

TYPSACHE

Ich bilde auch immer mal Referendare mit aus. Diese lasse ich zum Beginn ihrer Ausbildung einen Zettel ausfüllen, auf dem sie notieren sollen, welche Art von Lehrer sie sein wollen und wie sie sich im Alltag verhalten wollen. Diesen Zettel sollen sie sich an den Kühlschrank heften, um ihre eigenen Vorstellungen von sich selbst somit immer mal wieder im Blick zu haben. Außerdem bietet sich dieser Zettel als Selbstreflexion des bisher Erreichten sehr gut an. Der Tipp funktioniert natürlich auch für einen selbst – so fokussiert man sich darauf, was einem wirklich wichtig ist.

Frank Lauenburg

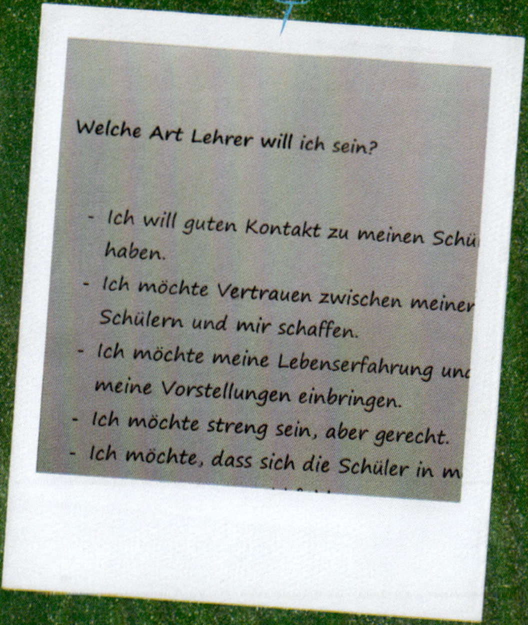

Welche Art Lehrer will ich sein?

- Ich will guten Kontakt zu meinen Schü
  haben.
- Ich möchte Vertrauen zwischen meiner
  Schülern und mir schaffen.
- Ich möchte meine Lebenserfahrung und
  meine Vorstellungen einbringen.
- Ich möchte streng sein, aber gerecht.
- Ich möchte, dass sich die Schüler in m

MOTIVATIONS-TAGEBUCH

Legen Sie sich ein kleines Tagebuch (DIN A5) zu. Von der einen Seite schreiben Sie alles hinein, was gut gelaufen ist, von der anderen Seite alle Ideen. Wenn Sie mal ein Tief haben oder eine Idee suchen, schmökern Sie darin. Mich bringt das immer sehr viel weiter!

Andreas G. Harm

ÄRGER VON DER SEELE SCHREIBEN

Stress mit Kollegen oder Eltern: Schreiben Sie alles auf, was Sie zu sagen haben! Und zwar wirklich. Es ist ein großer Unterschied, ob man die Gedanken im Kopf wälzt oder tatsächlich zu Papier bringt. Oft hört dann auch das ewige Abspulen von inneren Streitgesprächen auf. Schreiben Sie alles auf, um Ihren Kopf frei zu bekommen, evtl. auch in einem Brief, aber schicken Sie ihn auf keinen Fall ab.

Goldene Regeln bei Auseinandersetzungen:

- Sprechen Sie miteinander, aber schreiben Sie nicht. Nie!
- Auch wenn einem das Thema auf den Nägeln brennt und man eine sofortige Klärung will: Schlafen Sie eine Nacht darüber!

Matthias Johler

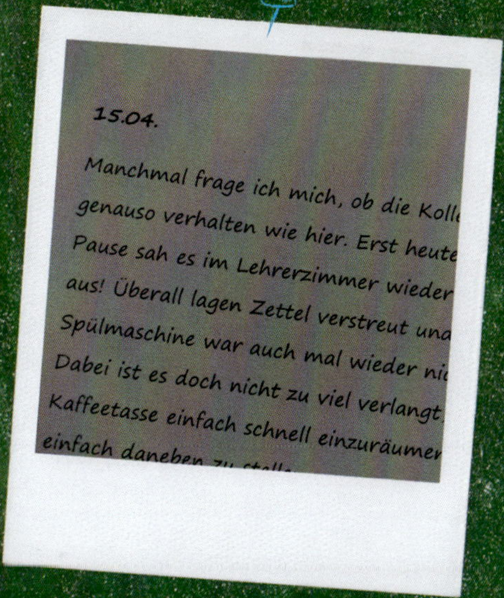

BILDQUELLENVERZEICHNIS

S. 5: Kreidehände ade © Auer Verlag
S. 6: Fleckenfrei © Auer Verlag
S. 7: Folienstift mit Radierer © Auer Verlag
S. 8: Platz fürs Tafelbild kalkulieren © Florian Bartl
S. 9: Kreidehalter mit Magnet © Andreas G. Harm
S. 10: Tricks & Tipps zum Tafelwischen © Florian Bartl
S. 11: Schwamm mit Magnet © Andreas G. Harm
S. 12: Moderationskoffer – selbst zusammengestellt! © Matthias Johler
S. 13: Gruppeneinteilung mit Spielkarten © Patrick Dachsenbichler / Fotolia.com
S. 14: Magnetkärtchen mit Schülernamen © Matthias Johler
S. 15: Der 30-seitige Würfel © Auer Verlag
S. 16: Unbekannte Schüler disziplinieren © Auer Verlag
S. 18: Begrüßungsritual © Auer Verlag
S. 19: Die Zeit im Blick © eigene Grafik
S. 20: Meldesystem © Auer Verlag
S. 21: Two-in-one-Heft © Auer Verlag
S. 22: Melde-Board © Auer Verlag
S. 23: Unterrichtsverlauf mit PowerPoint © Katrin Fleischmann und Auer Verlag
S. 24: Effiziente Nachbereitung © Auer Verlag
S. 25: Arbeitsblätter mehrfach verwenden © Auer Verlag
S. 26: Notentabelle mit linearem Verlauf © eigene Grafik nach Vorlage von Matthias Johler
S. 27: Hand-in-Hand-Heftkontrolle © Auer Verlag
S. 28: Rückmeldung per mp3 © Rawpixel.com / Fotolia.com
S. 29: Bewertung von Referaten © Frank Lauenburg
S. 30: Selbstbewertung © Frank Lauenburg
S. 31: Blitz-Selbsteinschätzung © Frank Lauenburg
S. 32: Erkältung ade © Auer Verlag
S. 33: Personalisierte Tassen im Lehrerzimmer © Auer Verlag
S. 34: Komplimente to go © Auer Verlag
S. 35: Kaffee im Lehrerzimmer © Auer Verlag
S. 36: Verleihen im Griff © Auer Verlag
S. 37: Schüler schreiben Elternbriefe © Auer Verlag
S. 38: Konfliktfälle analysieren © Auer Verlag
S. 39: Mehrzweck-Namensschilder © Auer Verlag
S. 40: Die Kennenlernstunde effektiv nutzen © Auer Verlag
S. 42: Feedback-Ecke © Auer Verlag
S. 43: Kein Kabelsalat durch Brotbeutel-Clip © Auer Verlag
S. 44: Organisation für den Arbeitsplatz zuhause © Auer Verlag
S. 45: Pivot-Funktion beim Bildschirm © Auer Verlag
S. 46: Ordnung im PC I: alles durchnummerieren © Auer Verlag
S. 47: Ordnung im PC II: Reihenfolge © Auer Verlag
S. 48: Ordnung im PC III: Der z-Ordner © Auer Verlag
S. 49: Ordnung im PC IV: Ende mit dem Speicherchaos © Auer Verlag
S. 50: Ordnung im PC V: Datensicherung © Auer Verlag
S. 52: Musik hören im Klassenzimmer © Auer Verlag
S. 53: Folien gespiegelt drucken © Auer Verlag
S. 54: Sauber trennen zwischen Schule und Zuhause © Auer Verlag
S. 55: Checkliste Lehrertaschen-Inventar © Auer Verlag
Illustration: Stefan Leuchtenberg
S. 57: Fahrradklingel an der Tasche © Auer Verlag
S. 58: Stundenplan stets griffbereit © Ansgar Stich
S. 59: Die Zeit überlisten © Auer Verlag
S. 60: Spontane Vertretungsstunden meistern © Frank Lauenburg
S. 61: Typsache © Auer Verlag
S. 62: Motivationstagebuch © Auer Verlag
S. 63: Ärger von der Seele schreiben © Auer Verlag